woodwind instruments repertoires

ATSUTADA OTAKA

Fantaisie

pour Clarinette et Piano

尾高 惇忠

クラリネットとピアノのための

〈幻想曲〉

zen-on music

Fantaisie pour Clarinette et Piano

This work was commissioned by Kei Ito, currently the principal clarinetist of NHK Symphony Orchestra, Tokyo, and composed from December 2011 to January 2012. It was premiered on 21 February at the Tokyo Opera City Recital Series "B →C (from Bach to Contemporary music)" performed by Kei Ito and Kiyotaka Noda (piano). A tone row, which forms a melodious motif played by the clarinet at the beginning, dominates the whole work. The work has simple form which consists of three (slow - fast - slow) sections. It was a challenge for me to deal with the wide range of the instrument, which is one of the features of the clarinet. I clearly remember the brilliant performance of the premiere. I hope many people will perform this work after this publication.

Atsutada OTAKA

Commissioned by Kei Ito

The world premiere :

February 21, 2012, at Tokyo Opera City Recital Hall

Tokyo Opera City Recital Series “B→C (from Bach to Contemporary music) #139, *Kei Ito (Clarinet)*”

Kei Ito (Clarinet) and Kiyotaka Noda (Piano)

Duration : approximately 9 minutes

クラリネットとピアノのための **幻想曲**

この作品は現在NHK交響楽団首席クラリネット奏者の伊藤圭さんの委嘱により2011年12月から2012年1月にかけて作曲、同年2月21日行われた東京オペラシティシリーズ「バッハからコンテンポラリーへ」に於いて、伊藤圭さんのクラリネット、野田清隆さんのピアノによって初演された。構成的には冒頭、旋律がかった動機がクラリネットのソロによって歌われるが、この動機を形成する音列が作品全体を支配する。緩・急・緩という3つの部分から成る簡潔な形式によっているが、作曲中、この楽器の大きな特徴の一つである幅広い音域の扱いが私の一つの課題にもなった。初演時の素晴らしい演奏は今も私の心に鮮やかに蘇るが、この度の出版を機に、今後多くの方々に演奏して頂けることを願っている。

尾高 惇忠

委嘱：伊藤 圭

初演：2012年2月21日、「【B→C】バッハからコンテンポラリーへ 139 伊藤 圭（クラリネット）」
東京オペラシティ・リサイタルホール
伊藤 圭（クラリネット）、野田清隆（ピアノ）

演奏所要時間：約9分

Fantaisie

pour Clarinette et Piano

Atsutada OTAKA

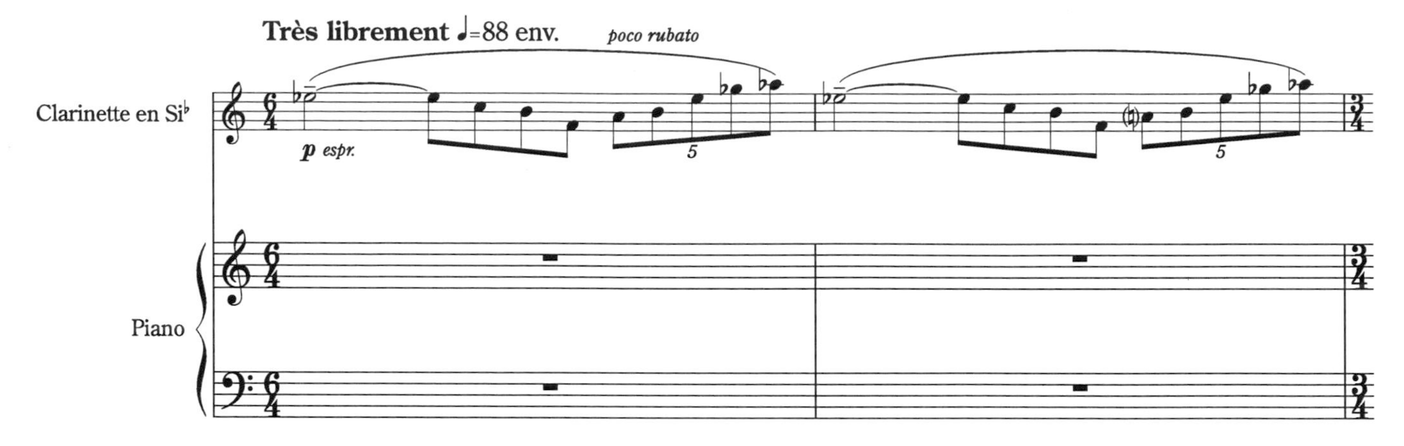

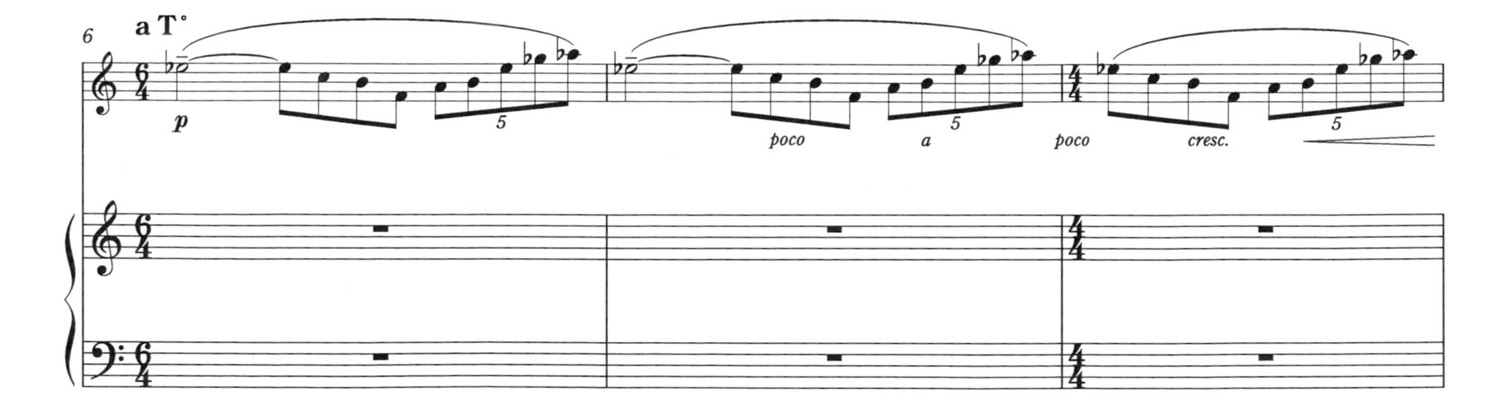

9
f espr.
mp
f

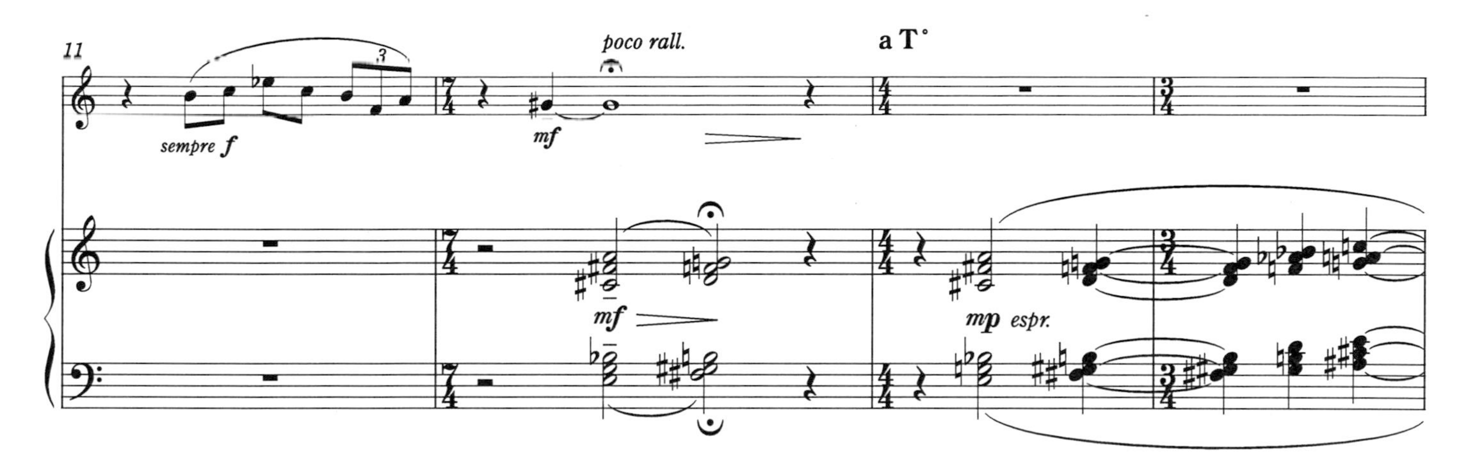
11
poco rall.
a T°
sempre f
mf
mf
mp espr.

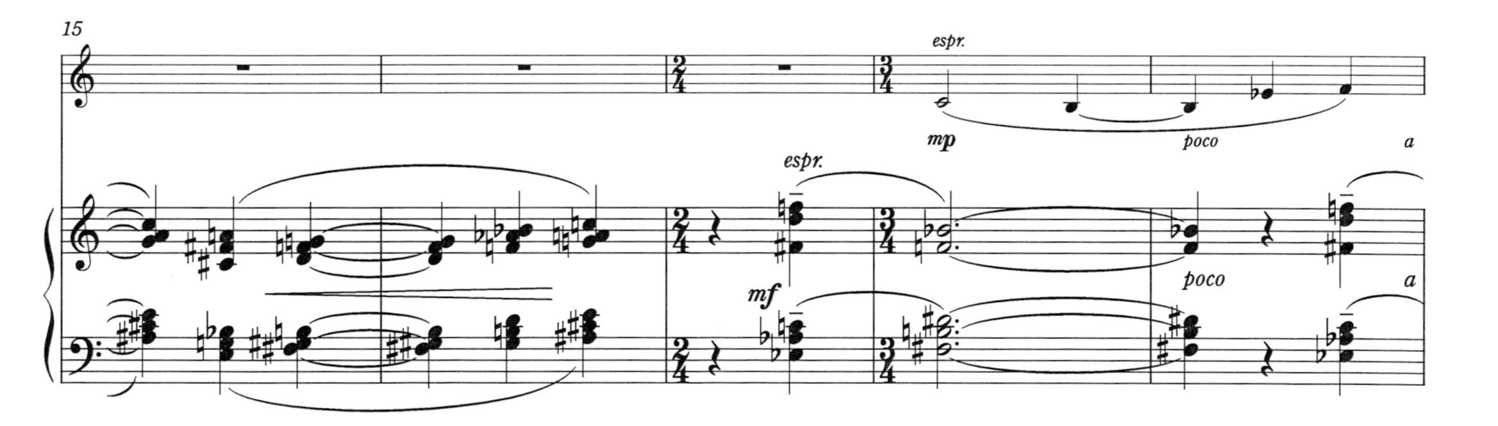
15
espr.
mp
poco
a
espr.
mf
poco
a

20
poco
cresc.
f
sub. p
poco
cresc.
p espr.

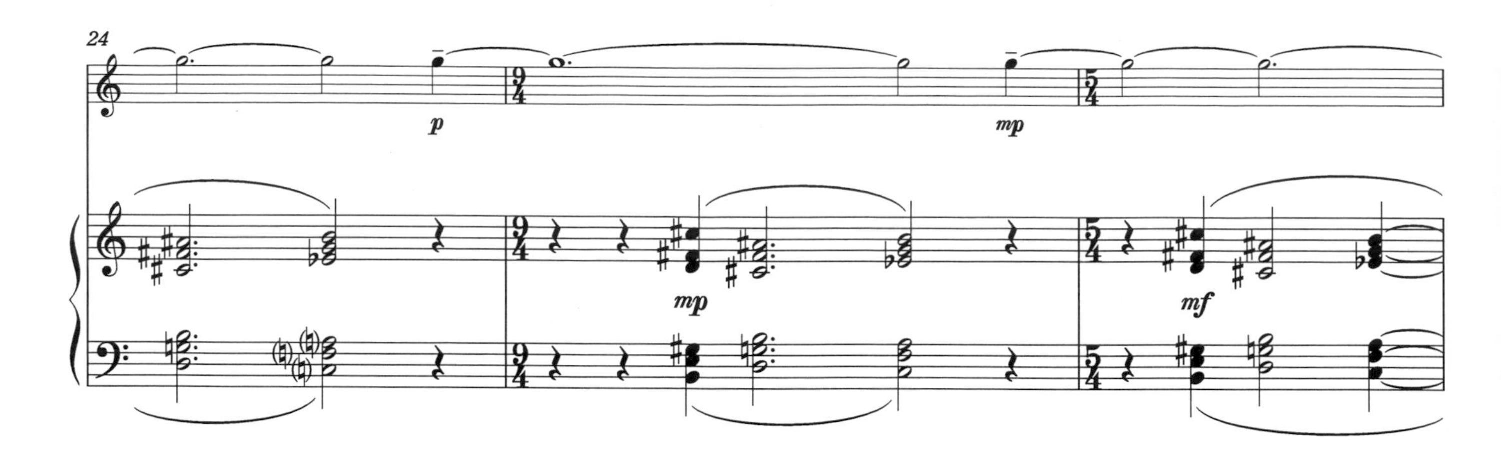
24
p
mp
mp
mf

27
Risoluto
mf
f
f

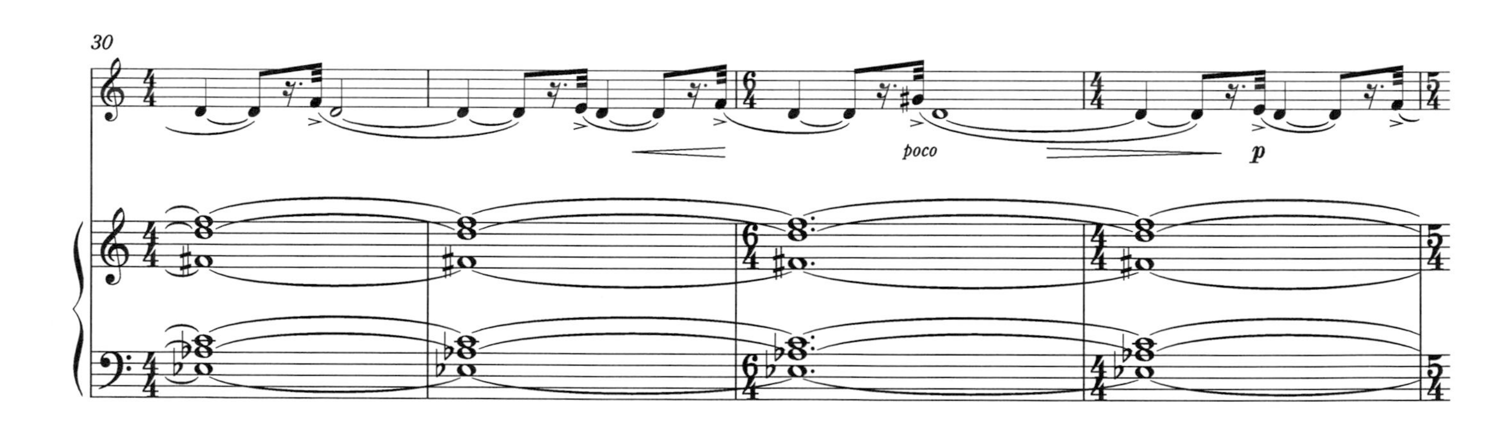
30
poco
p

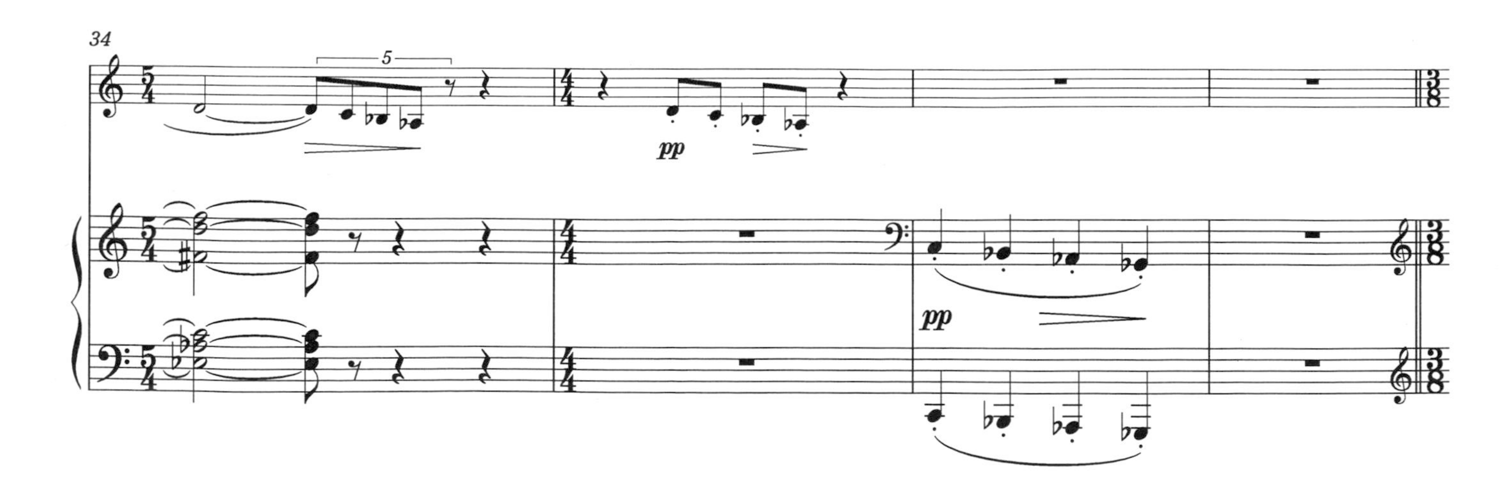
34
5
pp
pp

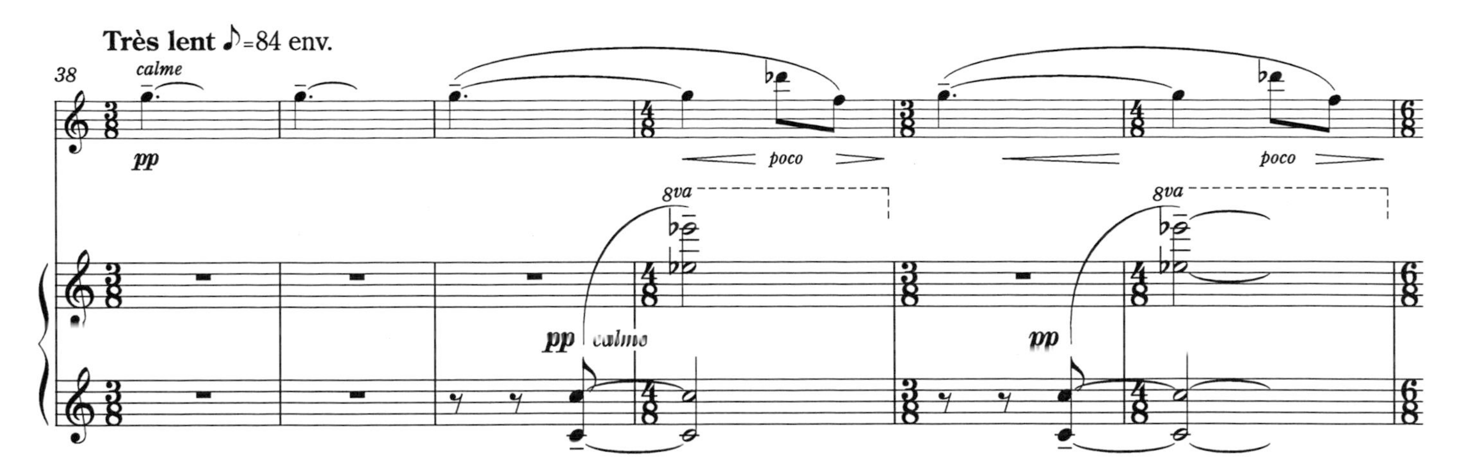
Très lent ♪=84 env.
38
calme
pp
poco
poco
8va
pp calmo
8va
pp

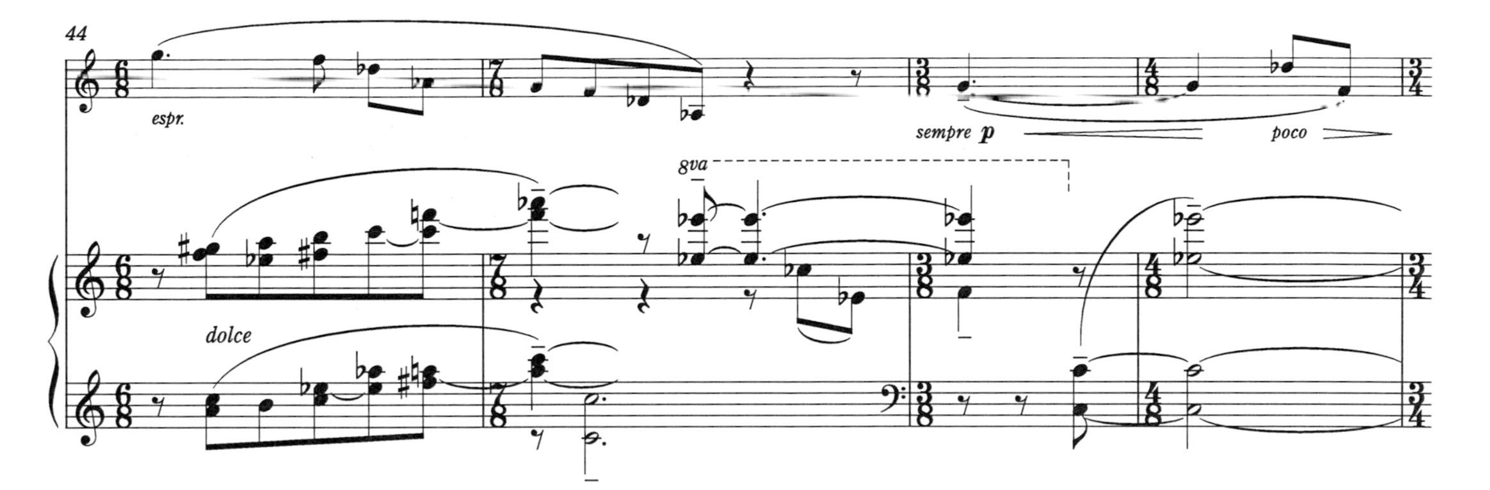
44
espr.
sempre p
poco
8va
dolce

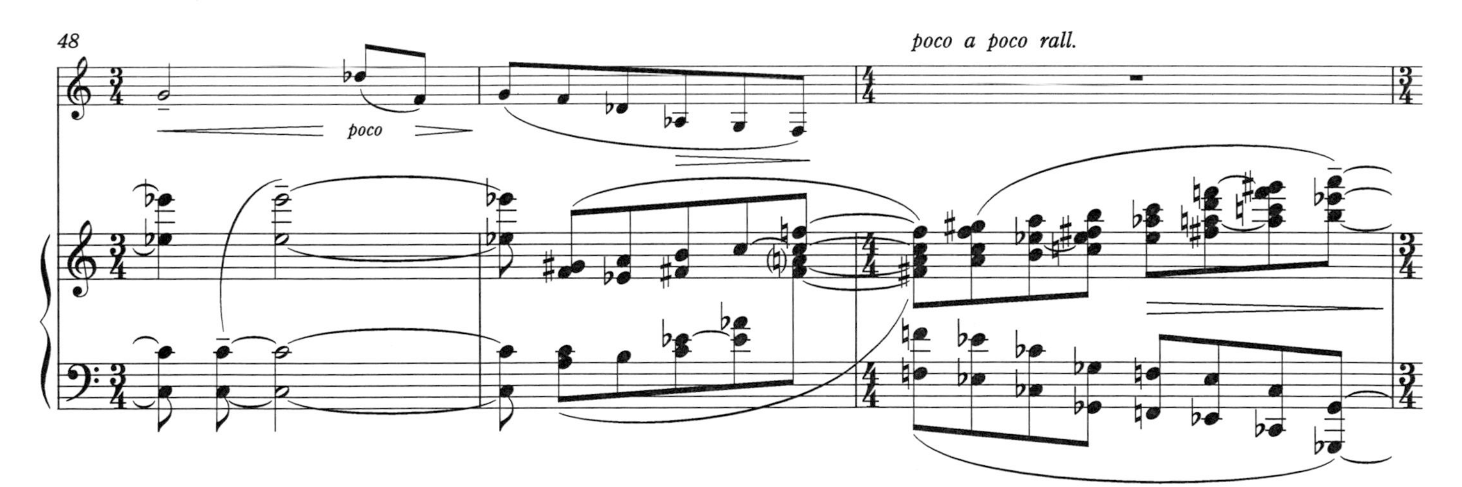
48
poco a poco rall.
poco

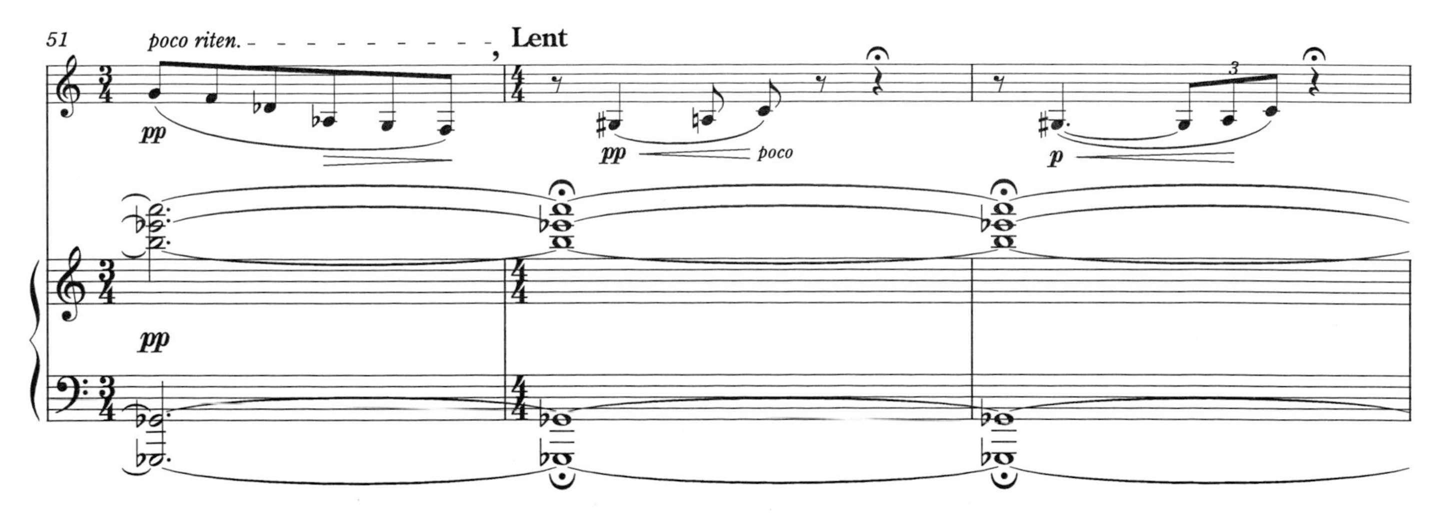
51
poco riten.
Lent
pp
pp
poco
p
3
pp

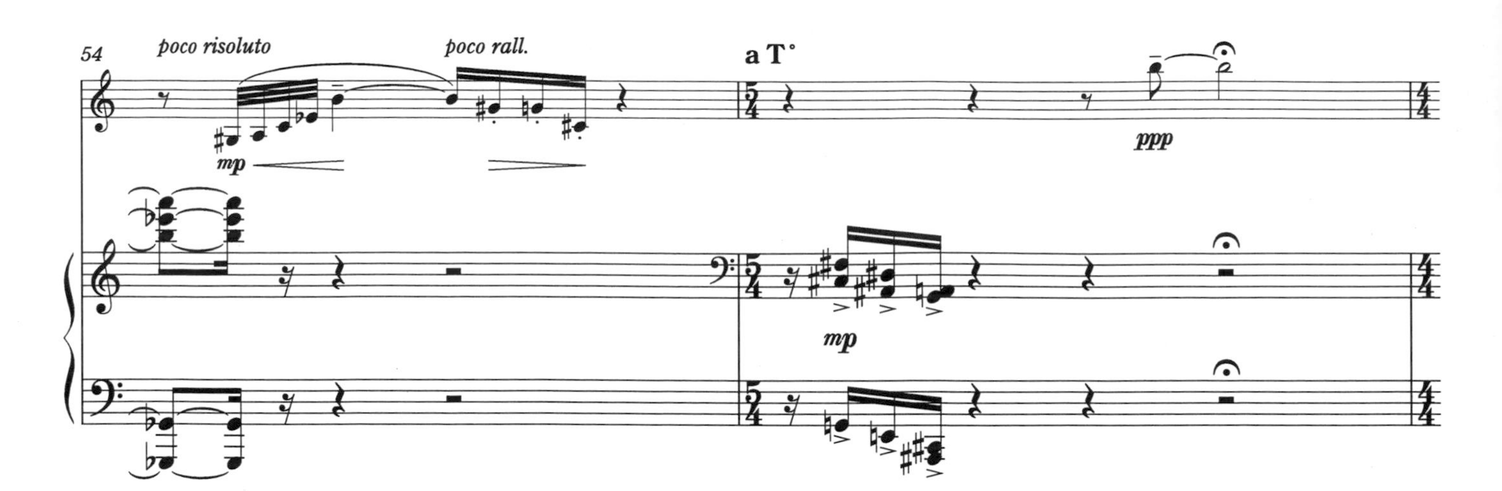
54
poco risoluto
poco rall.
a T°
mp
ppp
mp

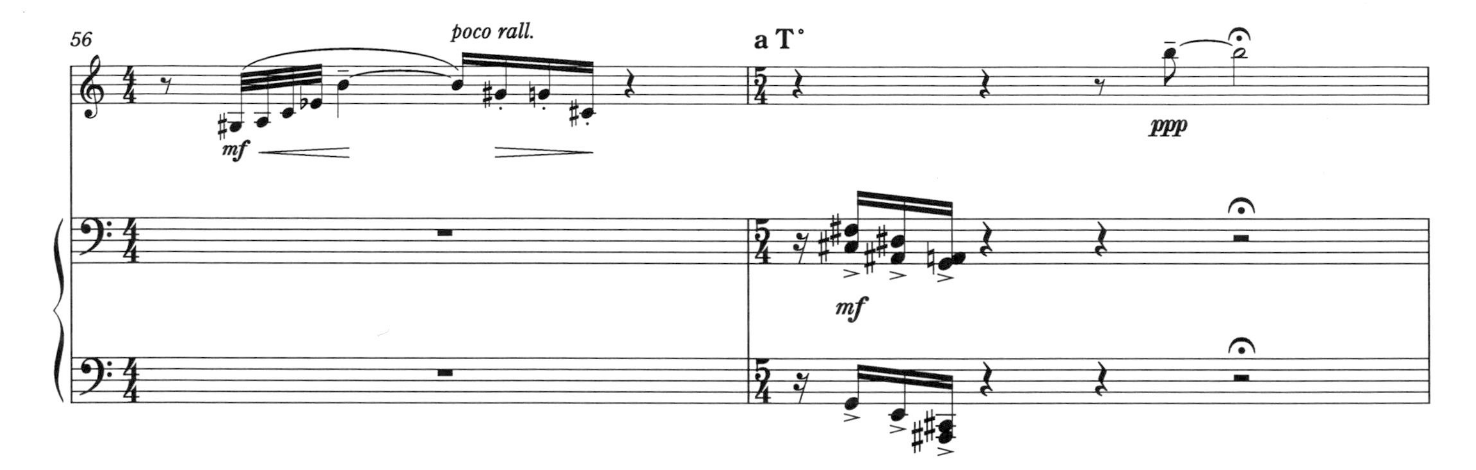
56
poco rall.
a T°
mf
ppp
mf

58
mf
poco a poco cresc. ed animato
p
f

60
poco rall.
Très lent
sost.
ff
fff
pp
ff
p
pp

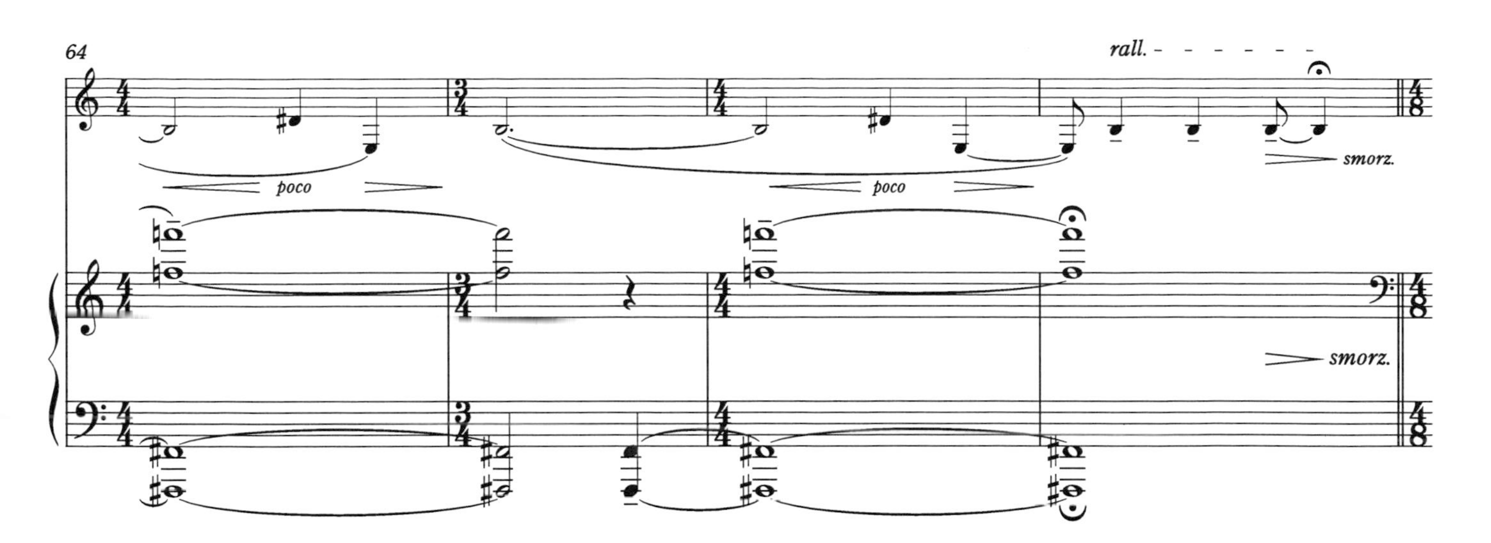
64
rall.
poco
poco
smorz.
smorz.

68
Assez vif, Très rythmé ♪=144 env.
poco scherzando
pp
p

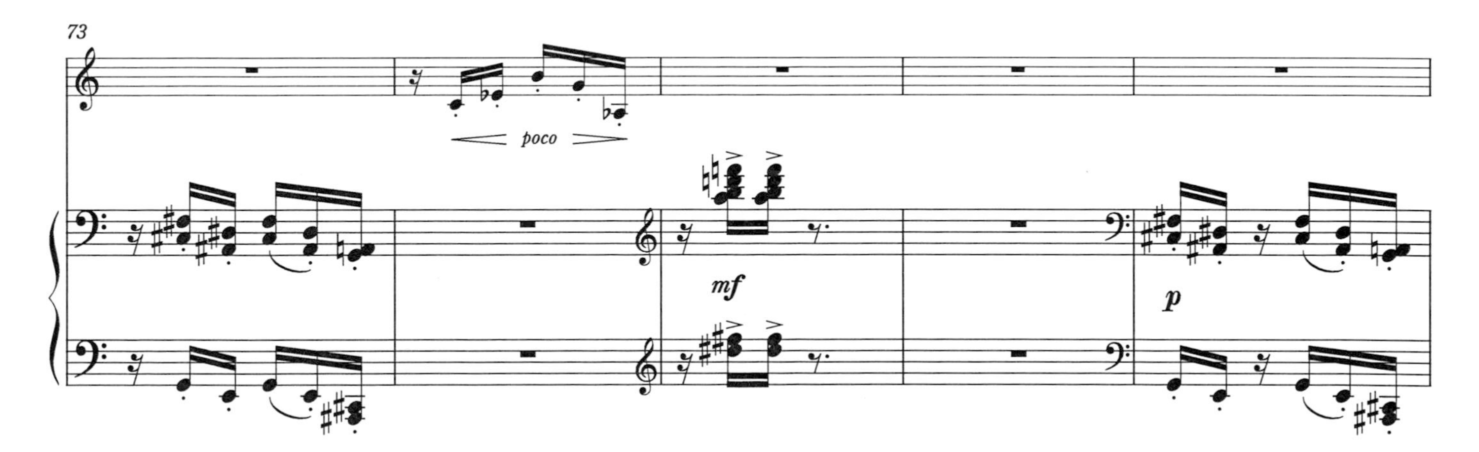
73
poco
mf
p

78
mp
poco
mf
mf

83
cresc.
f
f

88
ff
ff
mp
p

92
mf
mp
mf
mf

95
ff
tr
sempre ff
ff
sempre ff

Clarinette en Si♭

Fantaisie

pour Clarinette et Piano

Atsutada OTAKA

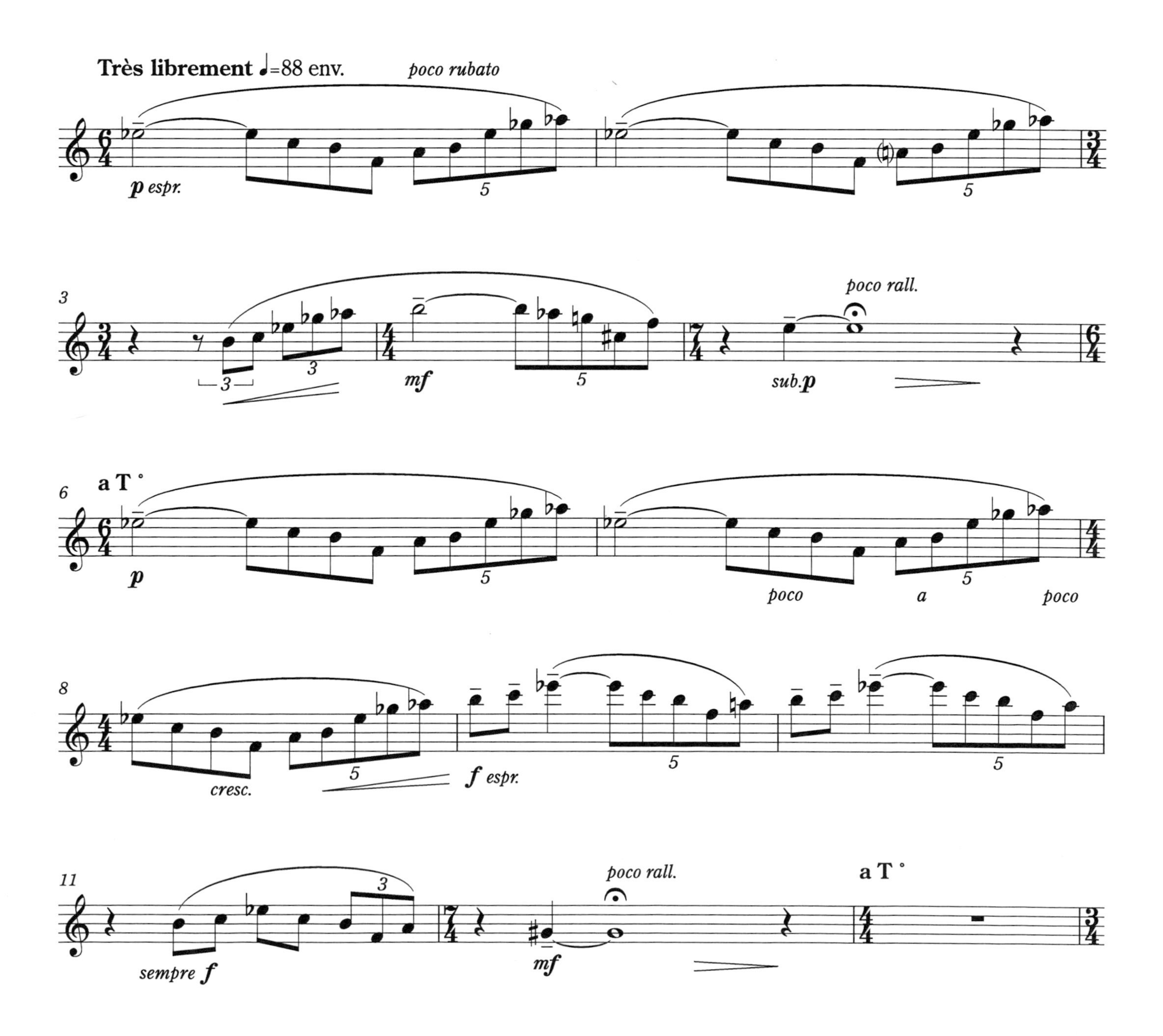

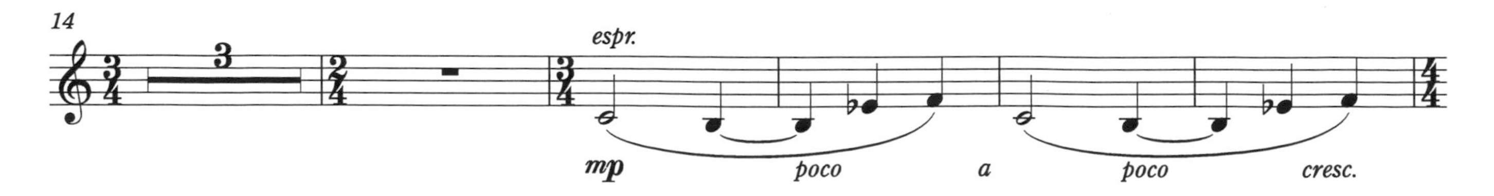

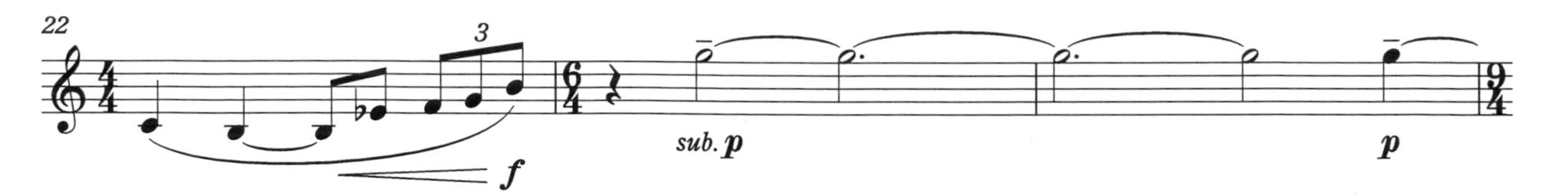

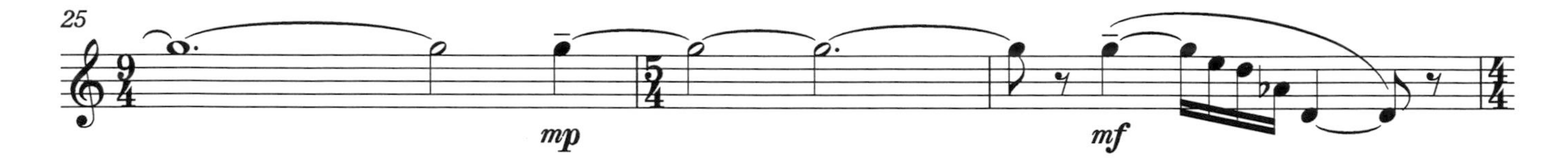

Très lent ♪=84 env.

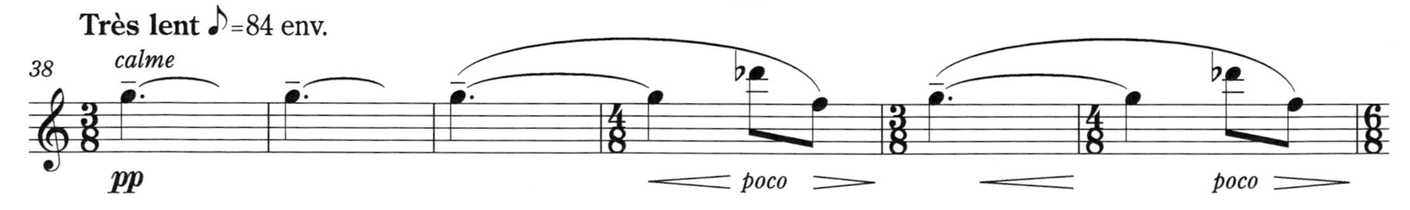

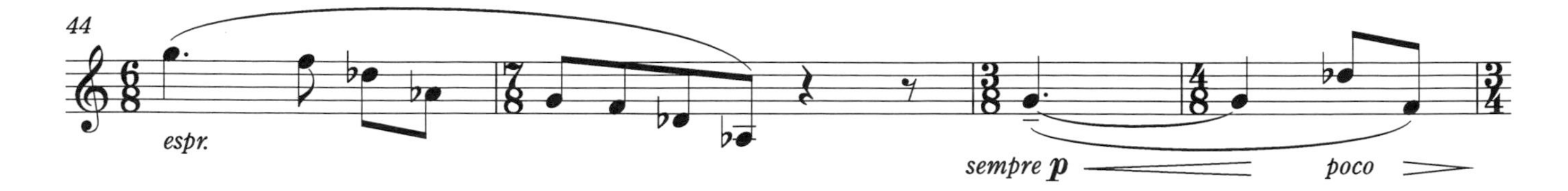

Lent
pp
poco
p
poco risoluto
poco rall.
a T°
mp
ppp
poco rall.
a T°
mf
ppp
mf
poco a poco cresc. ed animato
poco rall.
Très lent
sost.
ff
fff
pp
poco
rall.
Assez vif, Très rythmé
♪=144 env.
poco
smorz.
poco scherzando
p
poco
mp
poco
mf

84
f
ff

89
mp

93
mf
mf
ff

96
tr
sempre ff

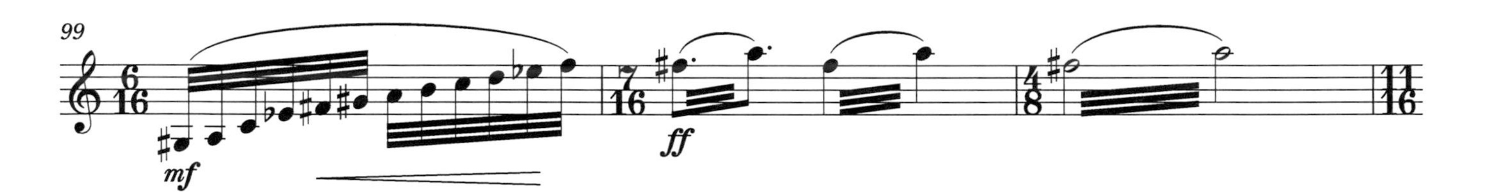
99
mf
ff

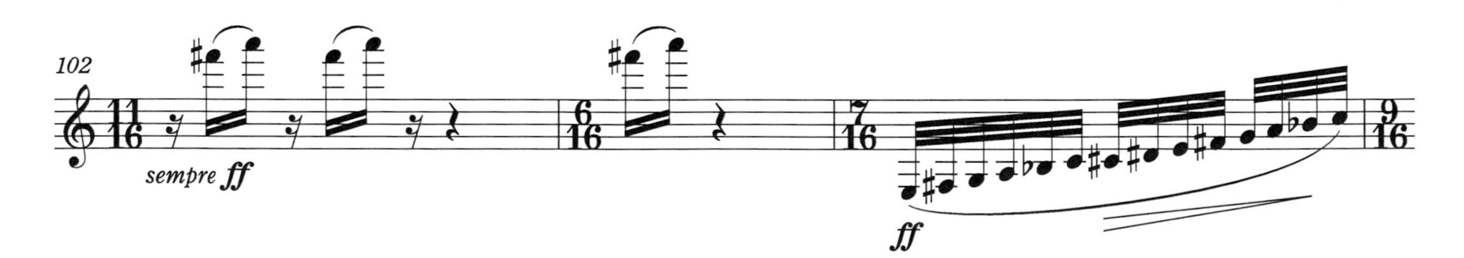
102
sempre ff
ff

105
p leggiero

109
mf
mp
mf

flattez.
113
mf
ff

117
fff

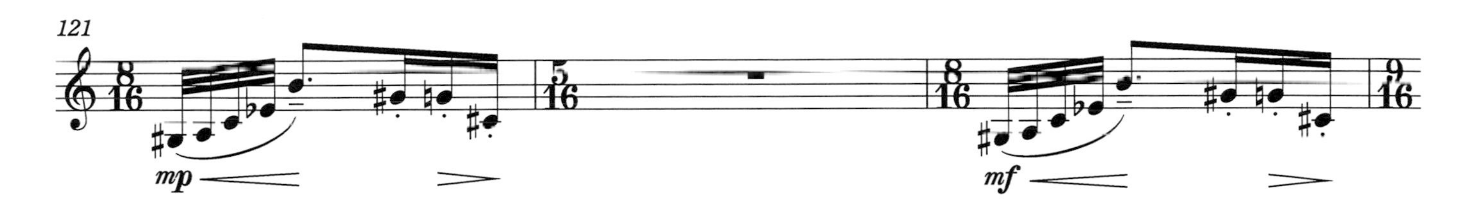
121
mp
mf

124
f
ff
sfz
sfz

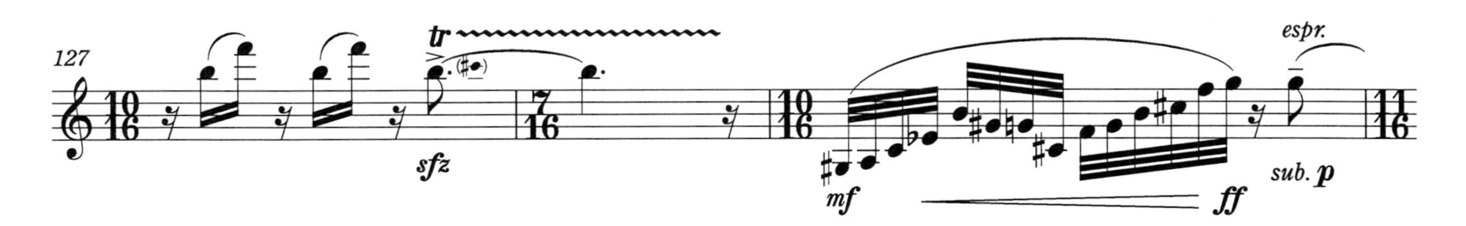
127
sfz
espr.
mf
ff
sub. p

130
dolce

133
mf

136
poco
a
poco
cresc.

140
mf
cresc.

144
p

148
mp
mf

152
f

155
più f

158
ff

L'istesso tempo
161
fff
fff

poco a poco dim. e rall.
164
sempre fff
ff
mp

167
Lent
poco misterioso
p

170
5

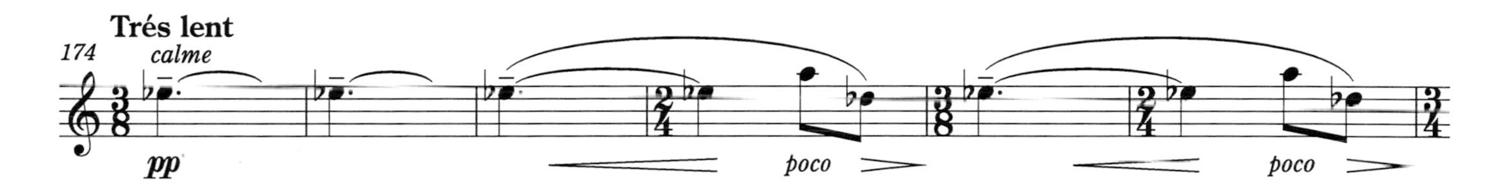
174
Trés lent
calme
pp
poco
poco

180
sempre pp
poco

184
poco rit. - - - -

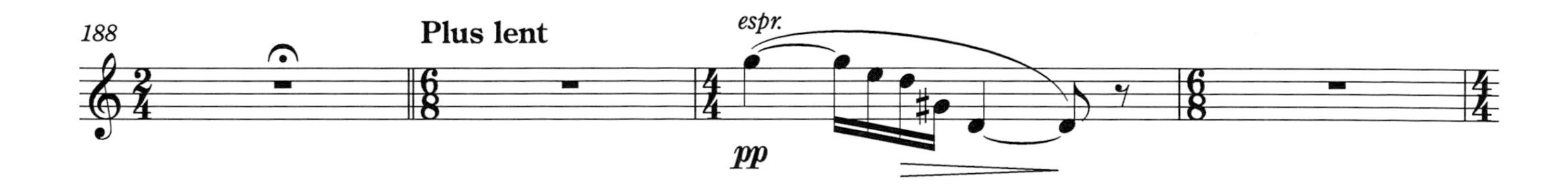
188
Plus lent
espr.
pp

192
poco

195
poco a poco rall. e dim. - - - - -
pp
smorz.

98
(tr)
mf
ff
ff
ff

101
sempre ff

104
ff
p leggiero
p leggiero

107
mf
mp
mf

111
flattez.
mf
mp
mf
cresc.

115
ff
fff
ff

119
mp
fff
p
mp

123
mf
f
ff
tr
sfz
mf
ff

126
tr
sfz
tr
sfz

129
espr.
mf
ff
sub. p
dolce
p dolce

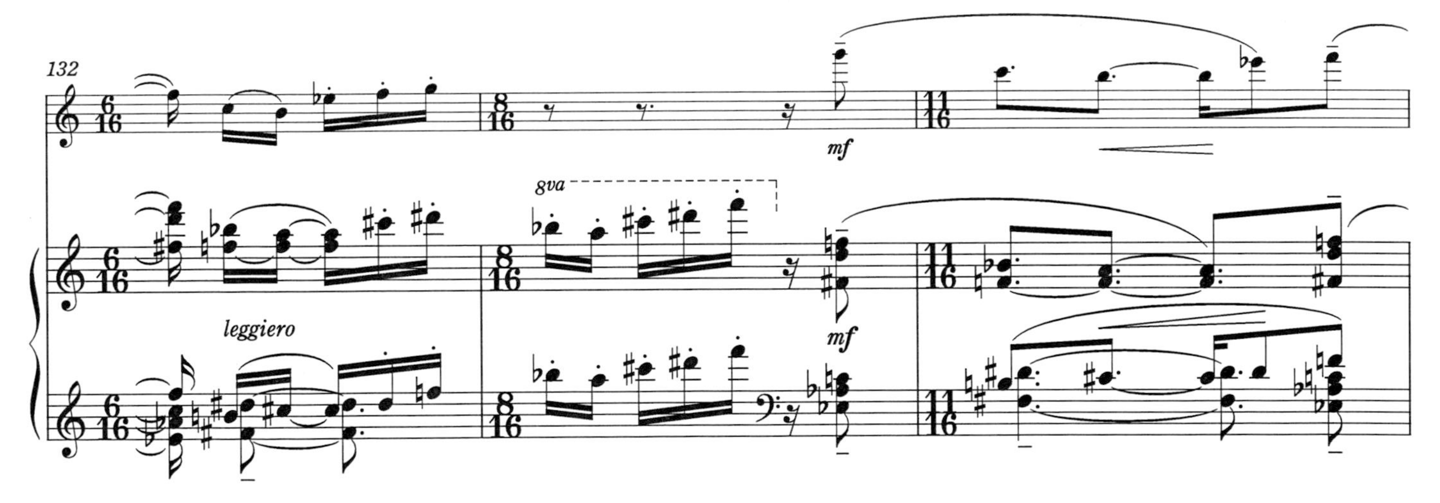
132
8va
mf
leggiero
mf

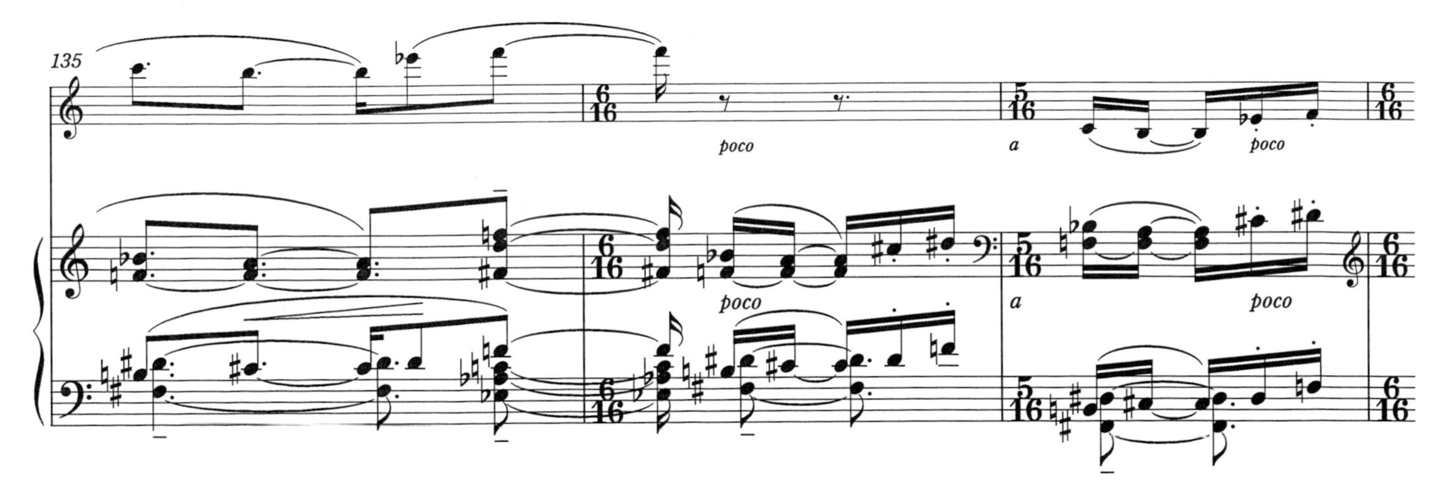
135
poco
a
poco
poco
a
poco

138
cresc.
cresc.
sub. p
poco
a
poco
cresc.

142
mf
cresc.
p
sempre
p

146
mp
mp

150
mf
f

154
più f
poco
a

158
ff
poco
cresc.

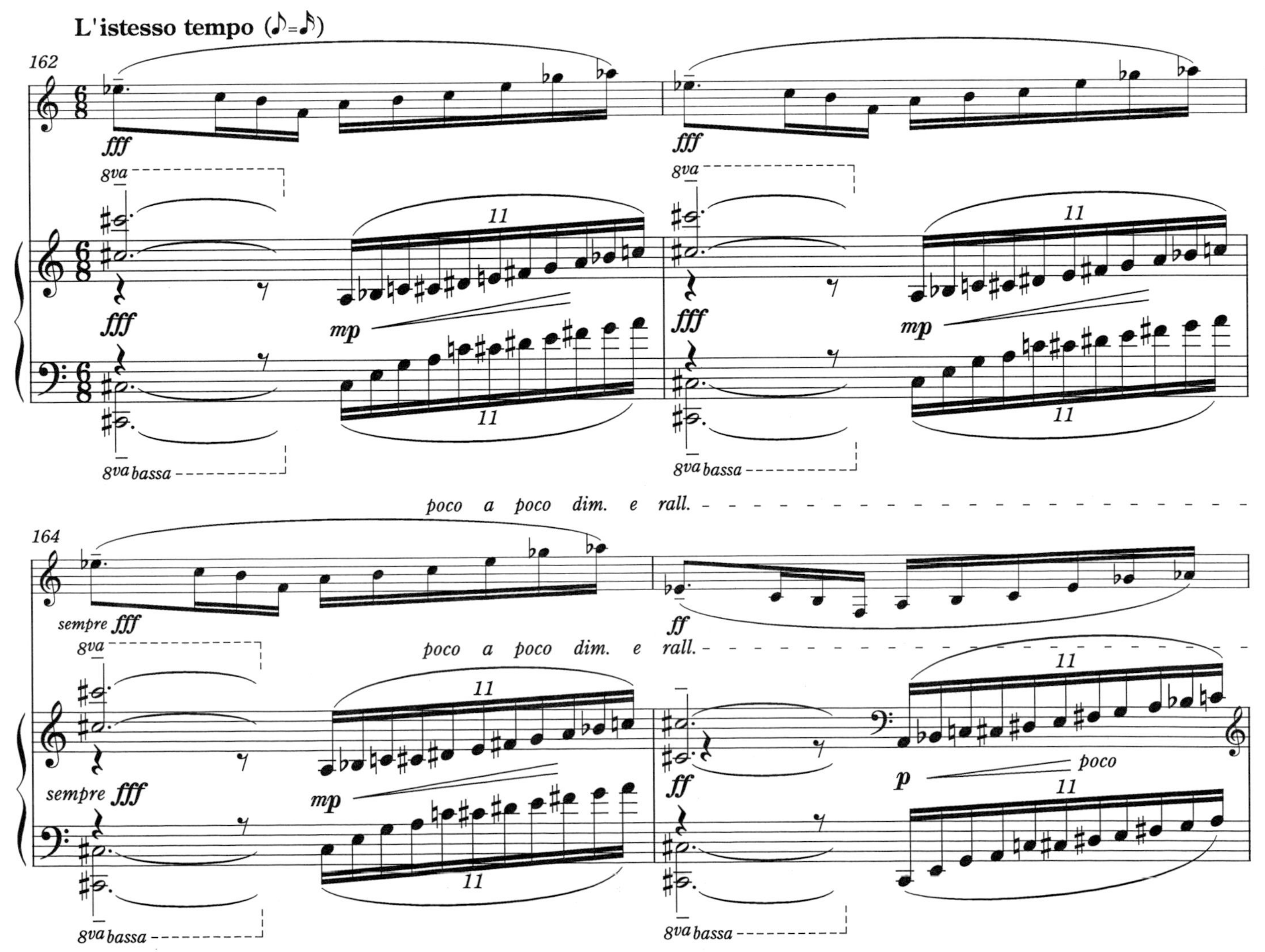
L'istesso tempo
162
fff
8va
11
mp
8va bassa
164
poco a poco dim. e rall.
sempre fff
ff
p
poco

166
Lent
poco misterioso
mp
11
poco
mf
pp
p
8va bassa
169
5
(8va bassa)
173
Trés lent
calme
pp
8va
poco
calme
179
(8va)
sempre pp
poco

184
poco rit.
8va
pp
p

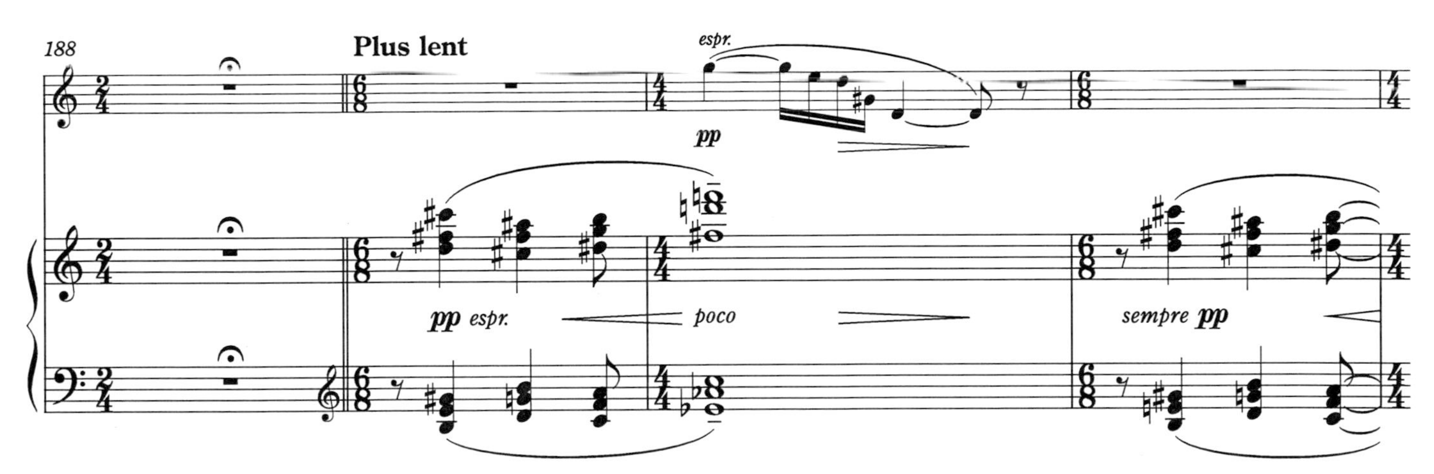
188
Plus lent
espr.
pp
pp espr.
poco
sempre pp

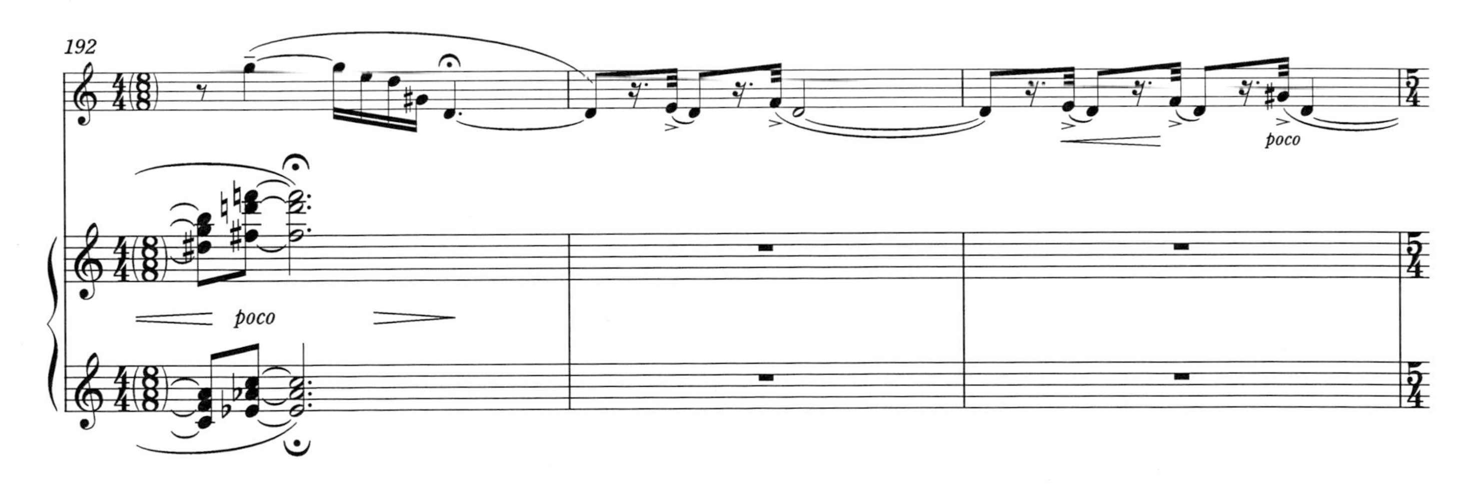
192
poco
poco

195
poco a poco rall. e dim.
pp
smorz.
8va
ppp
8va bassa

12120129

尾高惇忠：クラリネットとピアノのための　幻想曲 ●
作曲――――――――――――――――――――――――尾高惇忠
第1版第1刷発行―――――――――――――――――2012年12月15日
発行――――――――――――――――――――――――株式会社全音楽譜出版社
――――――――――――――――――――――――――東京都新宿区上落合2丁目13番3号 〒161-0034
――――――――――――――――――――――――――TEL・営業部 03·3227-6270
　　　　　　　　　　　　　　　　　　　　　　　　　出版部 03·3227-6280
――――――――――――――――――――――――――URL http://www.zen-on.co.jp/
――――――――――――――――――――――――――ISBN978-4-11-509519-9